I0483079

Publiez votre livre électronique sur Amazon, sans courir un risque.

Démontrez votre talent, et donnez vie à votre rêve.

Aspects légaux, conception, utilisation du logiciel et conseils de commercialisation

1ère éditon

Projet: La Ebookería, *Publiez-vous*

http://laebookeria.com

http://laibuqueria.com

Images et traduction de l'espagnol: Carola Jacobs

Contenu

1. De quoi est-ce qu'on parle?

"Allez-y, vous pouvez vendre vos livres directement sur la plus grande plate-forme mondiale, en gagnant 70% du prix de vente".

Cela a l'air d'une publicité trompeuse. Normalement, une maison d'édition offre aux auteurs des commissions de vente d'environ 8% en moyenne!!!!.

La révolution de l'Internet a amené, en plus d'un grand nombre de nouvelles offres de loisirs, (est-ce positif ou négatif?), un accès à l'information en temps réel, la distribution en masse de connaissances et évènements, et une grande offre de nouveaux modèles de commerce qui permettent aux talentueux de générer, commercialiser, montrer et même de vendre leurs oeuvres directement, *sans intermédiaires*.

Les musiciens qui vendent leur musique en-ligne, les narrateurs professionnels qui contactent leurs clients en direct, les créateurs de vidéo qui vendent leurs créations et conceptions graphiques ne sont que quelques-uns de ces nouveaux modèles …..***Tout ceci fonctionne sans intermédiaires.***

Nous voici pour parler sur *comment vendre vos oeuvres sur Amazon*! Une des entreprises pionnières de la toile qui a initialisé une campagne agressive, afin de rendre possible que les écrivains puissent publier leurs oeuvres sans problèmes. Bien que tout ne doive pas être vu à travers de lunettes roses*:*

- Combien est-ce que je peux gagner avec la vente de mes livres?
- Comment est-ce que mon livre électronique arrive-t-il sur la plateforme d'Amazon?

- Et qu'est-ce qu'un *Kindle*?
- Comment éviter les problèmes légaux?
- La commercialisation: Les 4 P
- Quels sont les détails à prendre en compte afin de respecter les droits d'auteur?
- Quel logiciel gratuit est-ce que je peux utiliser?
- Que faut-il prendre en compte afin que ma couverture soit attractive pour les lecteurs d'amazon?
- Quels sont les éléments que je dois considérer afin d'assurer la qualité de mon texte?
- Que faut-il prendre en compte afin que la conception soit aussi profesionnelle que celle d'une maison d'édition?
- Est-ce qu'il existe des techniques afin de rendre mon oeuvre plus attractif?
- Quel prix choisir pour mon livre électronique?
- Comment commercialiser mon oeuvre?
- Conseils généraux

- *Amazon - Kindle; Pionnier et leader sur les marchés européens et francophones dans le monde*

Sans trop entrer dans les détails statistiques, on compte plus de 400 millions de locuteurs francophones dans le monde. Ces personnes vivent sur tous les continents - et peuvent donc accéder à la plateforme d'Amazon depuis n'importe ou.

Votre oeuvre, votre rêve, ce projet que depuis si longtemps attend d'être réalisé - soit parce que c'est si difficile de le faire remarquer par une maison d'édition soit à cause d'un manque de fonds pour imprimer vos livres - maintenant cela devient possible : soyez votre propre maison d'édition, *et publiez et vendez votre oeuvre.*

Non seulement Amazon est la plus grande plate-forme mondiale de vente de livres (ou n'importe quel utilisateur pourra acheter votre oeuvre), mais Amazon a également mis sur le marché la dernière révolution technologique: Le Kindle : un lecteur de livres électroniques ayant le plus de succès et pionnier du marché. Un développement propre d'Amazon.

En 2010, d'après Amazon, se sont vendus plus de livres électroniques que de livres imprimés, et l'entreprise a misé sur le développement de ce marché. Non seulement à cause de sa plus grande démocratie (ce livre en est un exemple) mais aussi à cause du idéal écologique que développent les consommateurs (le NON à la consommation de papier), et à cause de l'explosion du marché des smartphones et tablettes électroniques (vous pouvez lire vos livres électroniques sur n'importe quel téléphone). Amazon détient un rôle de leader du marché qui, pour un prix dérisoire, produit des livres dits "électroniques".

Combien est-ce que je peux gagner avec la vente de mes livres? Cela dépend, même s'il existe des exemples de "millionnaires"

Combien est-ce que je peux gagner avec la vente de mes livres?

Cela dépend, même s'il existe des exemples de "millionnaires". La littérature, les livres techniques, la poésie et les conte de fées, les lettres dans leur totalité impliquent un travail ardu d'enquête ou de création, et un amour comparable avec l'amour maternel (ou paternel) de son auteur. Mais évidemment, le rêve de chaque auteur est de pouvoir vivre de son travail. Quelques-uns ont réussi avec Amazon.

Vous gagnerez 70% du prix de vente de votre livre - c'est comme cela que fonctionne le programme "Kindle Direct Publishing" (publication directe) du Kindle, le lecteur de livres électroniques d'Amazon. Mais attention, *n'importe quel utilisateur peut adquérir et lire les publications sur son téléphone ou tablette électronique*, en installant une application gratuite. Le nombre d'acheteurs potentiels de votre œuvre n'est donc pas limité à ceux ayant acquis un lecteur Kindle.

L'exemple plus retentissant et réussi du programme "Kindle Direct Publishing" est Amanda Hocking, devenue millionnaire avec ses oeuvres. On parle d'un bénéfice d'million et demi de dollars. C'est possible !

Mais sans tomber dans le romanticisme, le plus important est le fait de voir son oeuvre publiée dans un "magasin" auquel chacun peut avoir accès et que vous ayez le contrôle sur votre œuvre. En même temps, publier une œuvre exige beaucoup de travail. Mais, quel rêve ne l'exige pas?

En résumant, vous pouvez écrire votre livre avec le logiciel que vous souhaitez, le transposer au format Amazon® avec l'aide de logiciels de code ouvert (gratuits, plus d'information plus loin dans ce livre), concevoir la couverture, charger votre oeuvre sur Amazon®; ou elle pourra être achetée par n'importe quel client Amazon®, ...*et recevoir 70% des revenus.*

N'oubliez pas qu'il ne s'agit pas d'une publicité mensongère, c'est possible gagner de l'argent, mais ce n'est pas facile, et cela implique beaucoup de travail. Amanda Hocking, après son grand succès, a signé un contrat avec une maison d'édition renonçant ainsi à ses gains de 70%. Pourquoi? Nous avons déjà donné la réponse: il s'agit d'un travail ardu afin d'assurer que votre oeuvre soit perçue par vos lecteurs potentiels. Tout est entre vos mains afin de réaliser "votre rêve".

2. Où est-ce que je commence mon chemin?

Le pouvoir des maisons d'édition sur leurs auteurs est total, c'est évident, ils représentent leur source de revenus. Si vous avez publié un livre avec une maison d'édition, n'oubliez pas de lire le texte en petits caractères de votre contrat, c'est possible que la maison d'édition se soit réservée le droit de publication pour les livres électroniques.

- *Aspects légaux*

Et pour tous ceux qui n'ont pas eu droit à cette clause, prenez garde, ceci vaut également pour les services "Print On Demand", (un service qui vous fera payer pour l'impression de votre livre). Il y aura peut être une clause écrite en petits caractères qui se rapporte aux livres électroniques. Sans oublier ceux qui, sans avoir vu leur livre imprimé, ont signé un accord de principe avec une maison d'édition. Vous devez être sûr que vous êtes libres d'astreintes avant de publier vos livres électroniques. C'est le premier pas.

a. *Citations*

Lorsque le protagoniste de votre roman cite un poème de Hermann Hesse, vérifiez si le 70ème anniversaire de sa mort n'a pas encore pu être célébré. Dans le cas contraire, la famille de l'auteur a le droit de demander de l'argent pour ce "poème". Ce numéro 70 est magique, mais ne soigne pas toutes les blessures. Si vous citez Herman Hesse en français, le droit d'auteur du traducteur entre également en jeu – malgré le fait que la mort de l'auteur ait passé le numéro magique de 70 ans.

b. *Photographies – Couverture*

Il est indispensable de prendre son temps afin de réussir une couverture qui transmette la qualité de votre oeuvre et le temps que vous lui avez dédiée. Il s'agit également de votre carte de visite, vu qu'Amazon® utilise cette image dans son magasin en ligne. Mais que doit-on prendre en compte en choisissant la conception ou la photo qui va être utilisée? Une fois de plus, les droits d'auteur entrent en jeu.

"J'ai demandé sur Internet, et placé un avis dans le journal, et vu que personne ne s'est plaint, j'ai utilisé cette photo" – il s'agit là d'une ERREUR qui pourrait vous coûter très chère. Contactez le photographe qui a pris l'image de votre choix, et négociez un accord de cession de droits   ou une vente de l'image, qui sera défini dans un document écrit. Aussi, si vous photographiez une personne ou une maison, vous devez demander un permis de publication par écrit au modèle ou au propriétaire de l'immeuble. Cela ne doit pas nécessairement être un contrat compliqué, il suffit d'une lettre informelle, comme par exemple : "Utilisez ma photo pour la publication xy", mais elle doit obligatoirement être signée. Protégez vos arrières, au cas ou vous seriez le prochain millionnaire Amazon®

c. *Est-ce que je devrais déposer le titre de mon livre?*

Réponse courte, claire et précise: non. Les lois sur les droits d'auteur protègent le titre à partir du moment de publication, sans inscription supplémentaire nécessaire

3. Je n'ai pas de limitations légales - Est-ce que je peux commencer à écrire?

Le moment d'écrire est venu, même si vous avez certainement déjà plusieurs ébauches à votre disposition. Choisissez un logiciel ou un éditeur de texte, et exprimez vos idées. Nous ne vous proposons pas de logiciels ou éditeurs de texte spécifiques, puisque tout ordinateur en possède au moins un. Vous trouverez quelques recommandations quant au formatage de texte et l'utilisation des marges dans le point *"Formatage de texte"*

- Elément indispensable 1 - l'orthographie

"Ce qui est le plus important est l'histoire, pas l'orthographie", *"Je suis d'accord avec García Márquez, l'orthographie de la langue espagnole est très compliquée"*, *"je mets les mots, l'éditeur de texte corrige l'orthographie"* - Que García Márquez se soit exprimé ou pas sur si on devrait simplifier l'orthographie, son chef d'oeuvre ne se maintiendrait sûrement pas dans la mémoire littéraire, s'il avait utilisé un titre comme *"sent ant de çolitude"*.

Nous disposons aujourd'hui des éditeurs de texte avec vérification d'orthographe. L'aide des logiciels est vitale, ils sont très bons, *mais la vérification des yeux humains ne sera jamais remplacée.* Vous connaissez peut-être à un professeur de la langue française? Dans le cas contraire, ce serait une idée de renoncer à une partie de ces 70% de gains afin de contacter un(e) professionnel(le).

- Elément indispensable N°2 - La rédaction: investissez dans un conseiller de rédaction

Une orthographie correcte n'équivant pas à une bonne rédaction. C'est évident, non? Mais, pour beaucoup de personnes, ce n'est pas ainsi. Ainsi, l'aide d'un(e) ami(e) *n'est pas recommandée* - une faute d'orthographe est quelque chose qui votre orgueil pourra survivre, mais voir une page entière jugée superflue ou votre oeuvre qualifiée de "peu structurée" pourra mettre en danger votre amitié. Il est donc probable que votre ami(e) ne soit pas à 100% sincère avec vous.

Cherchez et contactez un tiers, neutre, de préférence quelqu'un qui n'ait pas la langue dans sa poche, afin de corriger et critiquer objectivement votre oeuvre. Tenez en compte ses opinions, le fait d'être plongé dans le travail ne vous permet pas de voir certains défauts et vides que votre lecteur trouvera probablement. Mais attention, le fait que ce soit un inconnu n'est pas suffisant, il faut que ce soit quelqu'un en rapport avec le sujet, et que la lecture fasse partie de sa vie. Choisissez une personne qui n'a pas peur de donner un avis objectif, et mieux encore, un professionnel dans le domaine du sujet traité.

Nous pourrions mentionner une élément indispensable n° 3 - le fil conducteur, mais ceci nous mènera trop loin.

4.   Le texte est prêt - La présentation, la conception et le formatage digital: créer un produit attractif.

La présentation du texte du livre ainsi que la couverture sont très importants. Surtout parce que, comme dans le cas d'un livre imprimé, le premier contact avec le lecteur est le contact visuel, assuré par la couverture. Ceci est encore plus important dans la vente par Internet, ou l'utilisateur fait face à vingt (20) couvertures différentes avec seulement quelques clicks de souris.

Il existe également la "preuve de lecture" - Amazon permet au lecteur intéressé de lire les premières pages de votre travail pour ainsi stimuler l'achat. Par conséquent, votre responsabilité est de profiter de cette possibilité et d'en faire une opportunité, au lieu de voir cette "preuve de lecture" en tant que menace.

-   *Formatage du texte - Recommandations*

Puisque le Kindle, le lecteur de livres électroniques d'Amazon® permet à l'utilisateur d'adapter la taille du texte à ses préférences visuelles, le format du texte doit être flexible, afin que l'utilisateur ne soit pas surpris avec des images ou paragraphes rognés après avoir configuré le texte.

- Attribuez à vos *titres, sous-titres, chapitres et texte "normal"* le format adéquat, afin de faciliter la création de l'index automatique pour la première page, et pour réaliser des changements massifs de format.

Notez: Cherchez le symbole 🔠 "AA", dans la partie du formatage du texte, cliquez dessus, et vous verrez sur la liste à votre droite une sélection de formats. Choisissez le texte de votre titre principal en le surlignant, allez vers cette sélection à droite pour choisir "Titre 1". En ce moment, le format du texte surligné changera. Le premier sous-titre sera "Titre 2" et ainsi de suite. Nous vous recommandons que vous vous serviez de la partie "aide" de votre éditeur de texte pour avoir de plus amples informations sur ce sujet.

- *Utilisez la touche "Entrée"* seulement lorsque vous fermez le paragraphe. Ecrivez de forme continue, vu que, comme nous avons vu précédemment, la longueur des phrases dépendra de la taille de la police que choisira l'utilisateur du Kindle.
- Utilisez des polices courantes comme par exemple le *Times New Roman* ou *Arial,* pour ainsi éviter des problèmes de configuration.
- Important: *Les sauts de page.* Lorsque vous finalisez un chapitre, vous devrez insérer un saut de page manuellement. Pour ce faire, placez votre curseur derrière la dernière phrase de votre chapitre, allez dans le menu, choisissez *"Insertion>Saut>Saut de page"*, ou utilisez la combinaison sur votre clavier *"Ctrl.+ Entrée"* . Ceci assure que le chapitre suivant commence au début de la page du lecteur, indépendamment du lecteur utilisé (Kindle, Sony Reader, etc.). Les sauts de page automatiques (pour les experts) ne sont pas reconnus par le convertisseur des e-books, insérez-les manuellement.
- Le Kindle reconnaît un texte en tant que bloc pour que les paragraphes aient toutes la même longueur, ce qui peut provoquer une confusion entre la fin du premier paragraphe et le début du prochain, si la dernière phrase du paragraphe se termine près de la marge droite. Afin d'éviter ceci, insérez deux ou trois espaces au début du paragraphe. Les autres éléments comme la touche tabulateur ou la configuration automatique ne sont PAS reconnues par le convertisseur e-books.

Notez - Livres de poèmes et techniques: Là où la longueur des phrases ou l'existence d'éléments graphiques est importante (attention: le Kindle ne reproduit pas de couleurs), le format est assez compliqué. Nous recommandons créer le livre électronique en format HTML/CSS. Ceci requiert de l'expertise, qui ne sera pas traitée dans ce livre. (Sollicitez plus d'informations sur laebookeria.com)

- Evitez la tentation d'utiliser le format PDF – *ce format n'est pas suffisamment flexible.*

Ceci peut être une option si vous souhaitez commercialiser votre livre electronique en-dehors du réseau Amazon.

- *La preuve de lecture – L'apéritif*

Le système Kindle génère automatiquement, à partir des premières pages de votre livre, un nombre de pages proportionnel à la dimension du livre: une soi-disant "preuve de lecture'. L'acheteur potentiel pourra la télécharger gratuitement afin de se faire une opinion sur le texte avant de décider s'il l'achète ou pas. Ainsi, les premières pages sont vitales!

- Créez avec votre éditeur de texte (Exemple: MS Word) un indexe sur la première page: ceci donne une opportunité au lecteur de voir un résumé compact du contenu du livre. - Voir formatage de texte
- Ne commencez pas votre livre avec tois pages de remerciements à votre famille et amis, un utilisateur intéressé ne sera pas très ému de lire ceci en tant qu'apéritif de votre oeuvre.

- *Présentation – La couverture*

La couverture de votre livre doit être chargée séparément du texte aux serveurs d'Amazon®.

- L'image doit être en format .jpg ou .tif
- La taille recommandée est de 500 pixels de large et de 1.280 pixels de haut (maximum). Si vous n'avez pas de logiciel d'édition d'images (comme par exemple *Adobe Photoshop*), vous pouvez utiliser le logiciel ***gratuit*** Gimp.
- Il est important que le graphisme soit tout autant attractif en version "apercu", qui est beaucoup plus petite que l'original. Amazon® la présente dans les résultats de recherche sur le site web (voir Amazon)
- Concernant les images dans l'oeuvre même, la couleur ne doit pas être primordiale. Il faut que l'image ait suffisamment de contraste. Kindle présente les images en noir et blanc. Ce détail est également à prendre en compte lors de la création de la couverture.

- *Comment est-ce que je convertis le document au format que requiert le système Amazon®?*

N'ayez pas peur, - c'est assez facile, même pour quelqu'un qui allume l'ordinateur seulement pour envoyer des courriers électroniques ou pour écrire un document. En plus, il ne faut pas acheter de logiciel, nous travaillerons avec des logiciels à code ouvert - gratuits.

- D'abord vous devrez télécharger le logiciel Calibre sur http://calibre-ebook.com
- Dans la partie de droite, cliquez sur "*Download Calibre*"
- Sélectionnez votre système d'exploitation; en cliquant sur le logo, le système vous mènera sur une deuxième page, ou vous devrez cliquer sur "*Download Calibre*" écrit en couleur bleu et souligné. Peu après, le téléchargement du fichier s'initialise.
- Lorsque le téléchargement s'est terminé, installez le programme en suivant pas à pas les instructions.

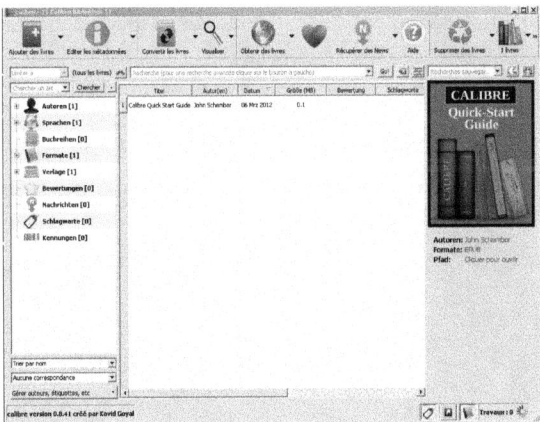

- Sur la deuxième page vous devrez sélectionner un lecteur de livres électroniques. Choisissez le "Kindle". Ne vous inquiétez pas si vous n'en possédez pas, il ne faut pas que vous remplissiez toutes les données, cliquez seulement sur *"Suivant"*.
- Au centre vous verrez la liste des livres disponibles (vous verrez sûrement le manuel d'utilisation du logiciel calibre – en anglais: Quick Start Guide – sur le côté droit de la fenêtre), et à gauche les données du livre.

ATTENTION: Si vous utilisez le logiciel MS WORD, nous vous recommandons de sauvegarder votre fichier du texte du livre en format "Page Web".

- Cliquez sur *"Ajouter livres"* dans la partie supérieure gauche, cherchez le fichier sauvegardé de votre livre (sauvegardé sous le format "Page Web"), sélectionnez-le et cliquez sur *"Accepter"*
- Vous pouvez voir maintenant le livre, sûrement marqué "auteur inconnu". Cliquez sur le fichier que vous venez de télécharger (il sera ressorti en bleu), et cliquez après sur "Changer données" dans la partie supérieure.
- Attribuez votre nom ou pseudonyme en cliquant sur le bouton qui se trouve à côté d' *"Auteur(s)"*
- En cliquant sur le bouton explorer, vous pourrez situer le fichier de la couverture
- Dans "Mots Clés" vous devriez placer quelques mots qui décrivent votre oeuvre, ainsi que des *"Commentaires"* , un texte en rapport avec le livre. Le système de recherche d'Amazon® utilisera ces mots clés afin de recommander votre travail.
- Cliquez sur *"OK"*

Après ce procès se réalisera la conversion des données au format MOBI, nécessaire pour la plate-forme Amazon®.

- Sélectionnez de nouveau votre livre, cliquez sur *"Transformer livres"*. Vous verrez un nouvel écran dans lequel vous pourrez introduire ou éditer les données (mots-clés, commentaires, etc.)
- Vérifiez si "*MOBI*" a été sélectionné dans la partie supérieure droite
- Sélectionnez *"OK"*

Même si vous pouvez voir une version de votre *ebook* en sélectionnant *"Montrer"*, nous ne vous recommandons pas d'utiliser cette option, elle n'est pas à 100% fiable. La meilleure manière de vérifier la qualité de l'édition est de la copier vía USB vers un Kindle, ou d'installer le KindlePreviewer sur votre ordinateur.

Si vous trouvez une erreur, la meilleure manière est d'éditer le fichier du texte et de le transformer de nouveau.

- *Un peu de commercialisation - Dépassons les faits*

Après avoir transformé le fichier, nous vous recommandons que vous fassiez de la promotion ou mieux vous paraît: placez un lien sur facebook, twitter ou Youtube, ou n'importe quel autre outil des médias sociaux ou vous vous sentez à l'aise. Invitez, par exemple vos lecteurs à écrire un avis. Un détail important pour les étapes postérieures du marketing du livre.

5. Le livre électronique est prêt! - Non, attendez un peu

En ce moment, nous avons terminé avec "le texte et son formatage". Mais quelques éléments de commercialisation devront être pris en compte, un travail qui, dans une situation différente, la maison d'édition ferait pour vous. Les 4 P du marketing: *place, prix, produit, promotion*. Nous avons le produit devant nous, la place serait la plate-forme Amazon, du moins jusqu'à maintenant. Il nous manque deux points très importants: quel sera le prix adéquat pour le produit et quelle sera la meilleure façon de promouvoir ce produit?

- *Quel est son prix de vente?*

Le pouvoir au peuple - vous recevrez la majorité des gains, et décidez le prix de vente de votre livre - quelle révolution! Mais nous vous répétons une fois de plus: ce ne sera pas si facile. Si le prix est trop bas, vous ne recevrez pas de récompense pour votre travail, à moins que vous vendiez des millions d'exemplaires. Un prix trop élevé pourrait annihiler votre carrière d'écrivain.

Ce livre, en plus d'être un guide, est un résumé de conseils; *l'expérience nous dit qu'il faut que vous gardiez le prix bas*, et ceci pour deux raisons:

- Amazon vous offrira 70% du prix de vente, mais seulement si votre livre se trouve dans la fourchette de prix entre 2,60 et 8,69 euros (TVA inclus). Dans le cas contraire, vous recevrez seulement 35%. (Dernière mise à jour des prix: 2 mai 2011). Les conditions de prix varient, et dépendent de la taille du livre. *Voir Pricing Page*
- Amazon se réserve le droit d'ajuster le prix des livres électroniques au marché, nous vous recommandons donc d'observer les livres sur Amazon qui traitent le même sujet que le vôtre.

- Si vous souhaitez que le prix de votre livre ait un prix tel que par exemple x,99 € ou x,90 €, vous devez tenir en compte qu'il s'agit du prix final TVA inclus. Le prix net du livre devra être inséré dans le système *Kindle Direct Publishing*. C'est facile de calculer, si le prix est 5,99 euros et la TVA est de 3% (La TVA varie si vous chargez votre livre sur Amazon Etats Unis au lieu d'Amazon Europe - Luxembourg) = ***5,99 divisé par 1,15 = 5,70 euros.*** *Insérez le prix 5,70 euros dans le système, vous gagnerez donc 3,99 euros*

- *Comment est-ce que je peux télécharger le document sur le système Amazon – Kindle Direct Publishing?*

Si vous avez suivi pas à pas le point 4 de ce livre, nous ne devriez pas avoir de problèmes. Visitez le lien ci-dessous et commencez votre session sur Amazon. Si vous ne disposez pas d'un compte sur Amazon, vous y aurez l'occasion d'en créer un:

https://kdp.amazon.com/self-publishing/signin

Rappelez-vous que vous pouvez, si vous le désirez, publier votre livre avec un pseudonyme. Pendant le procès de téléchargement vous pourrez introduire le nom choisi sans problèmes.

a. *Avant de commencer le procès*

- Cherchez les livres qui ressemblent au sujet du vôtre, et observez le nom des catégories dans lesquelles se trouve ce livre, observez également quelles catégories existent sur Amazon, et identifiez ceux qui sont les plus adéquats pour votre livre.
- Faites une liste de "mots-clés" qui identifient votre livre. Le plus important est de se mettre à la place de la personne qui cherche un livre, pensez: Quels mots est-ce que je mettrais dans la barre de recherche d'Amazon ou Google pour trouver ce que je

recherche, quel est le genre de personne qui serait intéressé par mon livre? Recherchez au moins quelques 10 mots-clés.

Notez: N'utilisez pas de noms de marque ou le titre d'une oeuvre concurrente, ceci pourra vous apporter des problèmes légaux. Utilisez des mots en relation avec le sujet de votre livre.

- Ecrivez une courte description du contenu du livre – *très courte*. C'est la description qui apparaîtra près de la couverture sur la page de vente de votre livre.

d. *Le téléchargement du ficher*

Cherchez le fichier qui a été transformé au format Calibre par le logiciel gratuit que vous avez téléchargé. Afin de le trouver, placez la souris sur le livre dans le logiciel Calibre, cliquez sur le bouton droit, choisissez *"ouvrir le dossier"*. Vous y trouverez le fichier dans le format **.mobi* ou *"Kindle Content"*

Le système vous demandera, pas à pas, les données que nous vous avons présentées dans ce guide.

6. Le travail vient à peine de commencer. Guide pratique de commercialisation de votre livre électronique.

Le moment de la commercialisation (promotion) est venu. Amazon vous offre plusieurs outils afin de promouvoir votre livre. Le premier pas du procès de commercialisation de votre oeuvre est la page d'auteur sur Amazon.

- *Page d'auteur - votre présentation*

Insérez toute l'information que vous croyez nécessaire afin de promouvoir votre oeuvre et votre qualité en tant qu'écrivain. Vous y avez l'option de publier des vidéos, et de publier vos évènements.

- Soyez actifs, invitez à vos lecteurs d'évaluer votre livre. Nous vous avons recommandé plus haut que vous devriez publier comment vous contacter (*Page web, Twitter, Facebook*). Suggérez à vos lecteurs qu'ils visitent ces liens afin qu'ils y laissent des commentaires.

Notez. Pour insérer in lien dans un texte Word, sélectionnez le mot que vous voulez lier avec votre souris. Ce lien peut pointer vers un lien externe (page web) ou un point déterminé dans le livre (texte). Cliquez sur le bouton droit de votre souris et choisissez "hyperlien".

- Si vous ne disposez pas d'une page web, vous pouvez créer une "micropage": il s'agit d'une page très basique dans laquelle sont présenté les données les plus importantes de votre livre électronique. Ici vous trouverez une suggestion, sinon aussi sur

- Si vous avez créé une vidéo afin de promouvoir le livre, placez-la également sur Youtube ou Vimeo, utilisez avec modération des messages sur Twitter et Facebook, envoyez des informations aux blogs experts dans le sujet du livre, en espérant qu'ils écrivent quelque chose sur l'oeuvre.

Notez: Evitez que vos lecteurs aient accès à votre vie privée sur Facebook. Créez plutôt une page sur le réseau social. Ainsi, vous pourrez maintenir un contact avec vos lecteurs sans que ceux-ci aient accès à votre vie privée.

- Abonnez-vous au *"programme d'affiliés Amazon",* il se trouve dans la partie inférieure de la page. Vous pouvez y générer un lien personalisé, que vous pouvez placer sur votre page web et autres canaux de communication. Comme cela, vous assurez que, en plus des 70% de gains que vous recevrez en tant qu'écrivain, vous pouvez gagner de l'argent en tant qu'affilié.
- Organisez des évènements de lecture, envoyez des communiqués de presse ou générez des concours sur votre page facebook avec des applications comme Halalati
- Investissez un peu d'argent afin de promouvoir votre page web sur Google, avec le système Google Adwords.
- N'oubliez pas des plate-formes telles que LinkedIn ou Viadeo - ils disposent de plusieurs millions de professionnels
- Achetez un *Kindle*, essayez-le vous même

Notez: Si vous désirez recevoir plus d'informations, guides et textes complémentaires concernant le marketing de votre livre, contactez laebookeria.com, cliquez sur le bouton dans la partie supérieure (*Mercadeo de ebooks*) et laissez vos données de contact.

7. **Faites-nous part de vos opinions, suggestions et commentaires**

Nous espérons que ce livre vous ait servi en tant que base afin de vous approcher de votre rêve de publication. N'hésitez pas à nous envoyer un lien vers votre page personnelle ou Amazon: *blog@laebookeria.com*, en écrivant dans le sujet du mail: *le chemin pour publier sur Amazon.*

Nous espérons améliorer constamment ce guide et d'en développer d'autres. N'hésitez pas à nous contacter si vous avez besoin de l'aide avec le marketing de votre livre électronique.

Visitez-nous sur http://laebookeria.com

- *Laebookeria: Point de rencontre*

Laebookeria est un projet qui est né avec l'objectif de promouvoir la publication de contenu, connaissance et littérature en format électronique. Laebookeria fait partie de ce mouvement de publication démocratique en croissance, ou de petites maisons d'édition ou des individus ont leur place. Le format de publication présenté permet d'atteindre n'importe quel lecteur dans le monde, en question de secondes.

- *Avertissement légal et conditions*

Nous avons essayé de rassembler et de publier toutes les informations nécessaires pour la publication d'un livre électronique, et nous voulions les présenter d'une manière claire, précise et accessible à tout un chacun qui est capable d'envoyer un mail. Les conditions de ce marché évoluent constamment, nous vous recommandons de confirmer les informations que nous vous avons proposées. Nous ne sommes pas responsables dans le cas ou l'information ne soit plus d'actualité. Nous sommes ouverts pour toute suggestion et/ou commentaires, voire des propositions de correction. Pour ce faire, envoyez-nous un e-mail à *blog@laebookeria.com*.

Les marques Amazon, Kindle, MS (Microsoft) entre autres sont des marques déposées, nous les avons mentionnées à des fins éducatives. Ce livre ne fut pas édité par Amazon.

Auteur:

Laebookeria.com

Colbestr 31

10247 Berlin

blog@laebookeria.com

http://laebookeria.com

www.ingramcontent.com/pod-product-compliance
Lightning Source LLC
Chambersburg PA
CBHW051829170526
45167CB00005B/2217